निंदिया आ जा

रात हुई तारों की टोली झिलमिल करती आई।
झाँक झरोखे से मुन्नी को सबने हाँक लगाई -
मुन्नी रानी झटपट आओ आँख मिचोली खेलें।
मुन्नी बोली, कैसे आऊँ, कैसे हम तुम खेलें ?

नींद परी के पंख सुनहले लेकर मुन्नी आओ;
चमचम करते हम नन्हें से तारों को बहलाओ।
मुन्नी बोली, ठहरो आई, गुड़िया तो सो जाये भाई।
सो जा गुड़िया सो जा गुड्डे, अब दोनों मत करो लड़ाई।

गुड्डे गुड़िया को लेकर तब मुन्नी लगी मनाने।
पिल्लू, कसरतवाला बंदर, सबको लगी सुलाने।
गोरा साहब, काली आया, मोटी बिल्ली, रूठी माया;
पलँग के नीचे पलँग के ऊपर लिटाके सबको गीत सुनाया।

निंदिया आ जा ! निंदिया आ जा !
सपनों के गहनों से सज कर -
निंदिया आ जा ! निंदिया आ जा !
मीठी लोरी की धुन सुन कर -
निंदिया आ जा ! निंदिया आ जा !

नींद परी परदे के पीछे खड़ी खड़ी मुस्काई।
चाँद सितारों की टोली भी उसे देख हरषाई
डोरे लोरी के डाल नींद ने सुन्दर पंख लगाये।
परी बनी मुन्नी रानी सपनों के साज सजाये।

नींदलोक की दुनिया न्यारी, सपनों की खिलती फुलवारी।
देखा इक दरबार लगाये, जग के बच्चे सारे आये --
अरब, फारसी, इंग्लिस्तानी, रूसी, अमरीकी, जापानी।
चीन, कोरिया, बरमावाले, यूनानी और हबशी काले।
मुन्नी सबकी रानी हो ली, खेली सबने आँख मिचोली।

हिलमिल कर सब एक रहेंगे,
नहीं लड़ेंगे नेक बनेंगे।
फूलों की सीढ़ी पर चढ़ कर,
चंद्रलोक की सैर करेंगे।

चंद्रलोक की बुढ़िया नानी,
चरखा काते, कहे कहानी।
चंदा मामा हँसते आये,
दूध कटोरे भर भर लाये।

बैर फूट का राक्षस आया,
तोप, टैंक, एटमबम लाया।
कृष्ण कन्हैया की बंसी ले,
प्रेम राग मुन्नी ने गाया।

भागा राक्षस, भागी रात।
आशाओं का हुआ प्रभात।
फूल खिले, पंछी हरषाये।
माताजी मुन्नी को जगायें।

जा री निंदिया अपने देश;
फिर आना धर सुन्दर वेश।

तीन लफंगे

एक थे श्री भालू सरदार
जंगल के थे थानेदार
बेटे उनके बड़े लफंगे
बढ़े चढ़े थे उनके दंगे।

बड़ी मारपीट करते थे
दुःखी बहुत सबको करते थे।
जंगल में थे दो लंगूर
शहर से लाये वे अंगूर।

देख के ललचा मोटू बंदर
बड़ा क्रोध था मन के अंदर।
मोटू बोला सुन लंगूर
मैं भी खाऊँगा अंगूर।

लंबी पूँछ का हंटर मार
बोला फिर लंगूर कुमार।
अब जो तुम फिर आये चच्चा
खा जाऊँगा तुमको कच्चा।

मोटू बोला ठहरो बच्चा
सबक मिलेगा तुमको सच्चा।
मोटू पहुँचा भालू पास
थानेदार, तुम्हारी आस ।

शहर के थाने से अंगूर
तोड़ लाये हैं दो लंगूर।
वर्दी पहन के थानेदार
बोले, सुन मोटू सरदार ।

लेकर पुलिस अभी हूँ जाता
लंगूरों को पकड़ के लाता।
हवालात में उन्हें बंद कर
मैं जाऊँगा शहर के थाने ।

अंगूरों का झौआ लेकर
जाऊंगा उसको लौटाने ।
पीछे सुनते तीन लफंगे
लालू, कालू, हालू चंगे ।

लालू बोला, हालू भैया
चलो चलें, खोजें लंगूर ।
डैडी जब तक पहुँचें-पहुँचें
हम खा जायेंगे अंगूर ।

इधर चले ये तीन लफंगे
उधर चल पड़ा पुलिस जलूस।
बीच डगर में इन्हें मिल गये
चतुर चंट लोमड़ जासूस ।

लोमड़ बोला, इन तीनों से
पिता तुम्हारे थानेदार।
तुम जाते हो चोरी करने
तुमको बहुत-बहुत धिक्कार।

चोरी करने नहीं जा रहे
हम पकड़ेंगे इक जासूस।
बहुत हो गया है मोटा वह
ले-ले करके सबसे घूस ।

सिंह राज के शिकार में
कल चोरी से उसने खाया।
औ' आज लंगूरों को भी वो
रिश्वत लेकर छिपा है आया।

जा रे कालू डैडी को ला
तब तक हमने इसको पकड़ा।
लालू ने झट गर्दन नापी
हालू ने चट दुम को जकड़ा।

जटा एक बरगद की लाकर
कालू ने दी गर्दन फांस।
कसने लगा गला लोमड़ का
घुटने लग गई उसकी साँस।

लोमड़ बोला मुझे न मारो
मैं पकड़ा दूंगा लंगूर।
मज़ा चखाना उनको भैया
तुम तीनों खाना अंगूर।

बरगद की दो बड़ी जटायें
तोड़, चले तीनों भाई।
रस्ते भर हंटर भी खाये
दुःखी हुए लोमड़ भाई।

लंगूरों को पकड़ा जाकर
तीनों ने खाये अंगूर ।
बेचारे रह गये ताकते
फंसे हुए लोमड़ - लंगूर ।

मधुमक्खी रानी ने देखा
आई लंगूरों के पास ।
भन-भन-भन-भन कहा कान में
भाई होना नहीं उदास ।

मैं अब बदला इनसे लूँगी
ये हमको भी करते तंग।
शहद के छत्ते पर ले आओ
फुसला कर तुम अपने संग।

मधुमक्खी चुपचाप उड़ गई
कैदी बोले, माई बाप !
क्षमा करें अपराध हमारा
शहद का छत्ता देखें आप !

देख शहद का बड़ा सा छत्ता
ललचाये तीनों भाई।
जल्दी - जल्दी चढ़े नीम पर
शामत उनकी थी आई।

हुक्म हुआ रानी मक्खी का
टूट पड़ीं लाखों मक्खी।
डंक चुभाये इतने उनको
छूट गई हक्की - बक्की।

अरे मर गए, हाय बचाओ
तीनों भाई चिल्लाए।
गुब्बारों से फूल-फूल कर
बेसुध हो धरती पर आए।

चोट करारी खाकर अब तो
सीधे बन गए तीन लफंगे।
इतनी सज़ा मिल गई उनको
फिर न किए ऐसे दंगे।